Cyrus Atabay

Die Linien des Lebens

61 Gedichte in fünf Heften
Mit Original-Offsetlithographien
von Winfred Gaul

Eremiten-Presse

Il faut cultiver notre jardin.
Voltaire

Etwas von der Sprache
der einander nahen Teile verstehen

Auf einem andern Weg
sollst du wandern
ein Lebenszeichen markiert den veränderten Kurs
die grünen Ufer der Oise
zwei Schiffe zwillingsgleich
nur die Rümpfe andersfarben
segeln traumgelenkt dahin
Nun schmiegt sich der Luchs
wieder zärtlich an deine Seite
der Löwe gibt dir sein Geleit
nicht mehr fürchtet sich die Wölfin vor dir

Etwas von der Sprache
der einander nahen Teile verstehen
Daseiend deiner ansichtig sein
das Gesicht eine Lampennische
so wie die Pflanze glänzt
wenn sie in Blüte steht

Das flinke Lid
das die Sehkraft schärft
für den Schmetterlingsglanz
Aus der Nähe
hast du keine Gewohnheit gemacht
vielmehr hat sie dich immer
aufs Neue herausgefordert
Das Gelingen wird dem zuteil
der sich nicht vernachlässigt
so daß er nicht vernachlässigt werde

Die Fügungen kommen an kein Ende
das von dir Erworbene
ist umringt von Glücksgarben
die Garben werden gehalten
von Erworbenem
An diesem Ort
ist der hinaufführende Weg offenkundig
das Aufleuchtende verborgen
an jenem
ist der Schimmer sichtbar
das Hingelangen verborgen

Den Teppich der verschlungenen Pfade
hast du zusammengerollt
diese Felskuppe ist ein Grad der Ankunft
es bleibt kein Rest zurück
nur dein Gelingengeben
der weglosen Weite

Es gibt Geister
die dir zu einem Glück
verhelfen
indem sie dich anblicken
Sie leihen dir
die Ehrengewänder des Beruhigtseins
wenn du ratlos bist

Unsere Wüste ein Ort
ohne Geographie ohne Kalender
ein ungewisses Blinken
von Wasser in der Ferne
erleuchtet den Durst

Das Einst und Jetzt
verwoben in das Gefälle
des Sturzbachs
das Wasserzeichen der Zeit
entzifferbar
im zerstäubenden Schleier

Mein Körper selbst
gehört zu deiner Welt
ist ihre Ergänzung
Unwillig begreift er
seine Entfremdung
erst im Maß ihrer Überschreitung –
findet er zu dir

Auch zu den Köhlern
wurdest du gesandt
hast sie erschreckt
mit deiner Ehrerweisung
hast sie berauscht
mit dem leichten Wind
von der Lichtung her

Von so vielen Seiten
das Licht dich treffen konnte
von so vielen hat es dich geprüft
Gegrüßt sei der Blitz
der Recht und Unrecht aufhebt

Brennendes Scheit
teilhaftig des Feuers
so hat es Teil
an der Arbeit der Engel

Aus einem Jahr
springen wir in das nächste
über Flammen des Dornengestrüpps
Wir haben die Triebe
unseres Verlangens schlecht gepflegt
jetzt ringt das Feuer
ohne Beistand mit dem Rauch

Von der Fabel des Lebens
bleibt noch ein Traumrest
zähle nun die Steinchen in der Urne
scheide die besseren von den schlechten
Dein Glück ist nur eine schmale Sichel
zwischen zwei Welten
eine leuchtende Schwelle

Erfahren im Umgang
mit den Dingen
die Zunge der Waage
spricht das Urteil
Die Worte
von den Gewichten beglaubigt
die Früchte
im Licht der Worte gereift

Kreisend über allen Zinnen im Blau
erhält der Falke den Auftrag
dir Speise zu bringen
die süße Dattel
mit dem Kern des Genughabens
Für die blinde lahme kraftlose Lerche
tut sich die Erde auf
Sesam wird ihr gereicht
und reines Wasser

Ein Saum aus zitternden Halmen
macht dich schon stolpern
dein Angerührtsein
ist eine Heimsuchung der Erde
auch das Weinen
ist vom Überrest des Daseins

Wir sind nicht heute
was wir gestern waren

Guten Morgen
Lebensatem und Neubeginn
das ist dein erstes Wort
sodann die täglichen Notizen
auf einem Zettel
über die beharrlichen Versuche
Und abends wenn die Seele Rechnung macht
die Tränen die die Schrift
auf dem Zettel auslöschen

Die Unschuld der Anfänge
als der Lehrer eine Aufgabe stellte
für die der Schüler
zwölf Lösungen wußte
Jetzt stellt der Schüler eine Aufgabe
für die der Lehrer
zwölf Lösungen weiß
Einer erwirbt die Welt
in einer Antwort
ein anderer erwirbt sie in vielen

Dein rührender Wahnsinn
erdachte einen Schmetterling
der nichts verliert
wenn er seine Hülle verliert
Du bautest ein Instrument
so glücklich gefügt
daß keine Gefahr
seine Saiten verletzt –
seinem Spiel nur eine neue ergänzt

Komm nicht mit leeren Händen
heim
bring den Kindern die Früchte
die sie noch nicht kennen
die Süßigkeiten eines fernen Landes
der versöhnten Dämonen
und des Übermuts –
auch im Himmel
wird man dich fragen
was du mitgebracht

Der Osten sagte zu dir
erzähl mir deine Herkunft
der Westen sagte zu dir
erzähl mir deine Wandlung
doch der eine ließ dich nicht
der andere fiel dir ins Wort
Laßt dem Alten
sein graues Haar
er will etwas erzählen
was euch beiden gefällt

Wir sind nicht heute
was wir gestern waren
denn wenn wir blieben
wie wir waren
gäbe es kein Morgen mehr
Willkommen Veränderlichkeit
du gibst die Kraft
an einem Tag
in einem Augenblick
uns zum Glück zu bekennen

Es gibt keine Schuldigen auf Erden
jeder bürgt für den anderen
so wie jener Rabbi
den in der Schenke die Reue übermannte
Schuld um Schuld aufzählend
indes der Wirt
hinter der Tür zuhörte
sie als die seinen erkannte

Wir trauen nicht mehr eurer Lockung
daß wir zusammen wohnen könnten
wie eure Vorfahren
mit unseren Vorfahren gewohnt haben
Wenn wir schon den Ort fürchten
an dem wir leben sollen
um wieviel mehr dann den Ort
an dem wir sterben müssen
Die Hingabe ist unser Leben
sie ist die Länge unseres Lebens

In der Kabbala heißt du Gehender
Auf-dem-Wege-Seiender Noch-nicht-Angelangter
Dämon zwischen Sein und Nicht-Sein
Unterhändler der Liebenden
überbringend den Bewunderten
was von den Begehrenden
und den Begehrenden
was von den Bewunderten kommt
der einen Gebete und Tribute
und der anderen Ermessen und Vergeltung der Tribute

Ein reifes Kornfeld sind die Fäden
in diesem Stoff
aus dem dein Leben ist
Jede Mohnblume zwischen den Ähren
hat ihren eigenen Dienst
kein Augenblick des Einst
läßt sich gutmachen
von einem Jetzt des Seins
denn die Gewänder des Morgens
sind nicht die Gewänder des Abends

Aus der Wüste aus fernen Gegenden
brachtest du Wundergeschichten heim
es waren diese Märchen
die unsere Stadt
bis in ihren verstecktesten Winkel ausfüllten
wo die Verkettung der Umstände
von einem blinden Knaben
geknüpft und gelöst wurde

Zeitlebens war deine Hauptbeschäftigung

Seele und Körper einander verschworen
zwei Wächter des Gartens
in dem die Feigen reifen
doch der eine blind der andere lahm
Nur wenn der Blinde
den Lahmen auf den Rücken nimmt
können sie die Feigen pflücken

Auf den Spuren der Liebenden
die für ein Freundeswort
Buchara und Samarkand hingaben
sie suchten den süßen Duft der Hennastaude
in der Oase Engedi
Für die Herrlichkeit einer Rispe
verschenkten sie
die Reichtümer der Welt

Die Scherben der gebrochenen Gelübde
du kannst sie nicht zusammensetzen
Das war vielleicht ein Krug
aus dem wir gemeinsam tranken
der Henkel vom Schulterrand zum Hals
war dein Arm auf meiner Schulter
Hier noch eine halbe Inschrift
‹... ist Bürgschaft›
darüber die türkisblaue Glasur
eines Himmels
der sein Geheimnis bewahrt

Jene beiden
führt ein ausnahmsweise freundlicher Gott
zueinander
Der Wind scheint sie zu tragen
eh er sich besinnt
und einen Haken schlägt
Die Liebe war's
der sie erlagen
ein Wort ist's
an dem sie zerbrechen

Und wenn alles auf der Welt
ein Ende hat
und wenn es die Erde
einmal nicht mehr geben wird
werden Atome überdauern
Diese Liebe die du wachhältst
(und kränkst)
ganz unscheinbar
fristet sie ihr Dasein –
unser Dämon schütze sie

Zeitlebens war deine Hauptbeschäftigung
die Liebe – ihretwillen gefangen
aber sie befreite dich
ihretwegen gebeugt
aber sie richtete dich auf
von ihr geblendet
aber sie öffnete dem Blinden die Augen
zeitlebens sie erhörend
um mit ihr zu sein in dieser Welt

Ein Geheimnis ist es – immerhin
im Besitz Aphrodites –
das dich willkommen heißt
eine Woge die über dir zusammenbricht
dich fortreißt und als Strandgut
zurückläßt
am Rand einer anderen Welt
einmal flüchtig geschaut nicht vergessen
im Anblick eines Gesichts
das die Ursache deiner Irrfahrt ist

Aufgestöbert aus den Meergärten
welch ein Verlangen treibt dich
welches Verbundensein
das Schiff zu begleiten
emporzuschnellen
der Schwerkraft zu entfliehen
Dir gefällt der Übermut des Kiels
die Musik des Bugs zieht dich fort
du hast keinen eigenen Kurs
mußt nur dieses Schiff begleiten
jetzt und alle Tage

Es gibt Wanderer
die der Anblick eines schönen Gesichts
zum Stillestehn bringt
Du bist ein immerzu
von einem Anderen Gesuchter
dem Königtum des Lichts ausgeliefert
das dich in die Irrsal
das dich zur Errichtung
deiner Welt treibt

Noch immer denke ich
wie wir gemeinsam lebten
einen Teil des Jahres verbrachten wir
in der Steppe bei den Blumen der Wildnis
wie du Persephone kannten wir das Licht
doch auch beizeiten die Schatten
Nun gehört uns das Jahr nicht mehr
es hat sich abgewandt
wir wissen jetzt was der Hades ist –
er ist die Fremde

Von der Schlinge hörtest du
dem niemals entrinnbaren Netz
Dieses Unglück ist von anderer Art
dein Eros beschränkt seine Fallstricke
auf die unbekümmerte Gelassenheit
Unauffällig geht dein Begleiter
seinem Tagwerk nach
doch unvergessen weiß er eine Insel
jenseits der Welt –
Kypris versah uns schlecht
für unsere Liebe

Mit den Augen Simurgs

Nomaden
die den Jahreszeiten folgen
von einem Platz zum andern
von der Weise der Betrübnis
zur Weise der Freude
sie wenden das Eingebrachte
das Weizenkorn in ein Festtagskleid

Die Berechnung war falsch
schon nach sieben Jahren
stürzte das Bauwerk ein
aber im Ruinengarten
sind die Farben noch ungebrochen
die Teile sind wissender
als das Ganze
die Bruchstücke übertreffen
das vollendete Werk

Der Brunnen der uns Antwort gibt
es gibt ihn noch
doch willst du Unrecht erzwingen
trübt sich auch sein Wasser
hast du eine Ameise betrübt
zerbricht auch der Krug

Sammle unsere Zerstreuungen
von den vier Winden
sammle sie ein
die Scherben des Spiegels
deine verlorenen Anteile
an Granatapfelkörnern
der Funkenschwarm erlischt
im Himmelsmeer

Mit den Augen Simurgs
siehst du einen Kontinent
der seine Steppen und Ströme
verteidigt
Seine Wächter sind geflügelte Sphinxe
die den Eindringling niederstrecken
damit der Erdteil
die Vielfalt seines Lebens bewahre
damit aus dem Gras
der Andere auftauche
der die Tiere zu Göttern macht

Der Stollen sammelte das Grundwasser
leitete es nach Ortschaften
die weitab lagen
In den Nischen der Schachtwände
geborgen in ihrem Dunkel
nisteten die wilden Tauben
Das Wasser aus den Bergen
der Stollen fing es einst auf
es wartet ihn keiner mehr
er gibt keine Antwort mehr

Du bestiegst den Berg
dessen untere Hälfte mit Weingärten
die obere mit Laubholz bedeckt ist
den Fußweg hinauf
entlang an den Mauern
hast du dich trotzdem verirrt
Nur Eichendorffs Diener
wüßte den Weg zum Gipfel
mit dem Blick auf das immerwährende Leben

Wenn sich Baumwipfel neigen
vor dem überall Fremden
so ist das keine Proskynese
Zwischen Freien
ist es ein Überschwang des Schenkens
ein Wiedererkennen der Großmut

Vom Leichteren ins Schwerere

Kann es sein
daß die Welt noch Bestand hat
gibt es im Land der Todesschatten
und ohne Ordnungen
einen Überlebenden
der die Wege des Lebens wiederfindet

Im Kalender der Leute der Wahrheit
sind tausend Jahre
ein Morgenhauch vom Meer
du lebst ihm zugewandt
ein Tag im Schatten der wilden Hibiskusblüte
ist wie tausend Jahre
die ihr zählt

Aus der Truhe hervorgeholt
liegt vor dir ausgebreitet
ein Gewebe in dem die Lebensfäden
sich kreuzen und fliehen
von Blitzen gelenkt
im Sturz der Zeit
Schicksale die einander zutreiben
der gegenseitigen Berührung zustürzen
ein Gestiebe von Funken –
aus solchem Stoff
ist dieses Gastgeschenk

Eingewurzelt in der Lagune
ihren vielspiegelnden Überraschungen
ist deine Zuwendung zu der Terra firma
eine Sehnsucht
die du nicht besiegeln kannst
Die Stürme geben dich frei
die alten Weggenossen die Schatten
begleiten dich noch ein Stück
dann rückst du in deine alte Position
die gewichtlose Jenseitsstellung

Bescheidener geworden
hast du das Schicksal abgelegt
ein Kostüm aus der Requisitenkammer
Dein Kopf ist leer und ausgestorben
ein Theater in dem gespielt worden ist
das Echo der Worte
hinterließ eine Benommenheit
die du zu erforschen suchst
doch du hast nur deinen Unverstand erkannt

Deine schweigenden Gefährten
durch die Jahre
der unsterbliche Ginster die vergängliche Akazie
sind auch die meinen
doch unterschiedene Brüder
denn sie kennen nicht den Schmerz
der sich für uns wiederholt
Den wilden Blumen gaben wir Namen
für uns selbst fanden wir keinen

Unsere Geschichte
gezeichnet von Heimsuchungen
einfältiger Wahn
der sich die Erinnerung
an die Unschuld bewahrt
Das Gedächtnis des Friedens
älter als die Gewalt
ist eine heilige Schrift in uns
die Bäche unter Platanenschatten
der Staub Farahzads
ein unwägbarer Schleier
der uns beschirmt
auf unserer Heimkehr

Sprich alles auch das Bittere frei
das dich die Liebe lehrt
binde sie auf die kleinen Flügel
schreibe sie ins Wasser
ihre jäh abbrechenden
unabsehbaren Wege
Du hast die Dinge
nicht zu deinem Eigentum gemacht
Besitz wäre schon Einbuße
an der Hingabe
zum Werk der Vergänglichkeit

Der Aufruhr der die Gedanken wandelt
begleitet deinen Tag
doch in der Nacht
ist ein Lied mit dir
Der unauffindbare Wiedehopf
hat dir einen Klang anvertraut
wenn er verlorengeht
nimmt er das Lied von dir

Einmal sagst du
rollt der Wind über das ausgetrocknete Flußbett
einmal sind grüne Felder
über das Flußbett gebreitet
einmal warst du selbst das Flußbett
für des Lebens lichten Mut
Einmal sagst du
ist die Schuld beglichen
wenn wir dem Augenblick die Demut schenken
die seine Gabe an uns war

Des Weges geht er und lernt
aber er unterbricht sein Lernen
und sagt
wie herrlich ist dieser Baum
wie herrlich ist dieses Roggenfeld
so besänftigt er die Mitgeschöpfe
so besänftigen die Mitgeschöpfe ihn
sein Verstehen ist wie eine gekalkte Zisterne
die keinen Tropfen verliert

Von Henoch erzählt die Sage
er sei einer der Engel gewesen
die ganz Auge und Flügel waren
in der Bewegung seines Lebens
wiederholte er verwandelnd
die Bewegung der Welt
er erkannte die Vielfalt
weil er sie wiederfand in sich
wie der Radkranz die Speichen
hielt seine Liebe alles umfaßt
Du wurdest nicht wie Henoch
hinweggenommen
doch auch deine Wimpern
sind Glanz des Firmaments

Die Lehmmauer
ist der Einband
der unsere Tage
ohne daß sie verlorengehn
in den Abgrund des Gartens aufnimmt
Der Garten ist unser schönes Buch
in dem wir die Zeiten lesen
aufleuchtende Fragmente
vielfach deutbare Schrift
Nichts von dem was war
ist erloschen
eingeprägt in das Gegenwärtige –
im Grunde ist die Welt dazu gemacht
dieses schöne Buch zu werden

Gedanken an den Rand geschrieben
einen Text begleitend
vom Leichteren ins Schwerere
du hast das Weizenkorn begraben
in einem Kleid aus Brokat
erleuchtet es dein Haus
Die duftenden Kräuter
zerrieben zerrieben
schenken sie den Sommer und des Sommers Traum

Huldigungen

*Ich nehme von rechts und von links
und sogar, ohne Schuldgefühl,
etwas vom schelmischen Leben –
und alles von der nächtlichen Stille.*
                    Anna Achmatova

Sappho

Dir war zum Los geworden
daß alle geheimen Wege
dich zum Schönen führten
das hienieden immerfort sich sehnt nach dir

Praxilla

Befragt in der Unterwelt
was ich als Schönstes zurückließ
als ich Abschied nahm
von der Erde
gedachte ich als erstes der Sonne
dann unseres Augenlichts
und deiner Güte

Korinna

In der Höhle
aus der meine Mutter zeitlebens
den Ausgang suchte
fanden mich die Djinn
führten mich ins Licht
das mich Lieder lehrte
die Helikon und Kithäron versöhnten

Erinna

Schwalben waren wir
hatten unsere Heimstatt
in einem Haus
das auch die Mythen beherbergte
mich trafen die Schloßen
noch vor dem Sommer
und nur dein Atem
kann mich erwecken

Moiro

Wir wußten alle
daß versteckt von den Reben
mit denen deine Mutter dich umfing
sich eine Traube barg
angefüllt mit allem Leben
Jetzt wo ihr duftendes Blatt
nicht mehr dein Haupt beschirmt
ist jedes Wort von dir
berauschender als dionysischer Wein

Nossis

Alle die dich kennen
sind dir zugetan
auch jene
die man die Göttin der Liebe nennt
doch erst durch dich erfuhr Aphrodite
daß nur der Wahnsinn
den Namen der Liebe verdient

Anyte

Wir hatten uns wiedergefunden
im Meer
Nun folgte dem geschnitzten Delphin
am Bug deines Schiffes
sein heimlicher Bruder
bis er den Kurs verlor
von fremder Kielspur genarrt
Aber Tag um Tag
schwimmt er deinem Geist entgegen
wir Zusammenwanderer
von Anbeginn

Sulpicia

Ausgerechnet auf einen verrufenen Poeten
allen ein Ärgernis
von allen beneidet
fiel deine Wahl
Keine Scheu hielt dich zurück
dein Glück zu verkünden
Venus hielt ihr Versprechen
das mit Leim bestrichene Gelübde
Von Wonnen keine Rede
höchstens solchen in Anführungszeichen
du hattest dir ein Spiel erdacht
dessen Regeln dich überrumpelten
Es begann mit einem Schein
zu seiner Wahrheit
hielt der im Stich Gelassene die Treue

Kasia

Wo keiner es wagte
sich nicht zu entblöden
dem Kniefall vor dem Pomp
die Stirn zu bieten
verscherzte deine furchtlose Antwort
eine Kaiserkrone
Mit deinem Freimut
begann ein neues Zeitalter

Rabe'eh

Einmal träumtest du
von einem Garten
von zwei Bäumen in Blüte
die beieinander wuchsen
der Wohlgeruch den du atmetest
schlichtete den Aufruhr deines Bluts
Über diesem Garten
weinte Majnun aus einer regenschweren Wolke
eine Blume hatte den Glanz
von Lejlas Angesicht

Epilog

*Simply the thing I am
shall make me live.*
                    Shakespeare

*Io sono una forza del Passato.
Solo nella tradizione è il mio
                        amore.*
             Pier Paolo Pasolini

Zwölf chassidische Strophen

Ehre ihn mit deiner Gabe
mit dem womit er dich begabt hat
zusammengeflickt
aus den Fetzen meines Ichs
ehre ich ihn mit meinen Versen

Begütigende Geister des Hauses
traten an das Bett
in dem ich klein und ermattet lag
sie mochten wissen
daß mich das Unstillbare rief
in jeder Fremde besessen
von jener Liebe
die das Heimweh heißt

Da dir Vollmacht gegeben
da keiner dich hemmt
das Gute oder das Böse zu tun
schicke die Hand aus
nimm und iß vom Baum des Lebens
dir genügt das Notwendige
die Huld des leuchtenden Wegrands

Was man so verwahrt
den nächtlichen Jasminduft
das Zeichen daß das Leben
etwas Liebe für dich hat
wie gut ist dein Teil
wie schön dein Los
es ist noch nicht verworfen

Sechs Tage im Weg der Verzweiflung
und einen im Weg des Geheimnisses
noch einmal wohlaufgenommen sein
von der Freigebigkeit des Lichts
noch einmal kosten
vom Glanz der Garben

Ein Rohr das sich preisgab
dem Sturm der Welt
mit ihm fahrend und wiederkehrend
Und wie war das Ende dieses Rohrs?
Es war gewürdigt
das man davon die Feder nahm
den Traum damit zu schreiben

Früher
als die Gebete noch erhört wurden
Von einem gewissen Augenblick an
ist die Gewißheit keine Vermutung mehr
Jetzt mußt du Leid auf Leid häufen
das siebenfarbige Glas
am Stein zerschlagen
damit es hundertfarbig werde

Ein schöner Zufall
wandelte des Weges
und schenkte dir eine seltene Begierde
du durftest als Kind
den Honig von den Buchstaben
eines Wortes lecken
das ein Gläubiger
auf die Tafel schrieb
und das vom Wunder Zeugnis gab

Sieh dieses Irrlicht
fort und fort am Scheideweg
es wägt Gewinn und Verlust
doch an Träumen
ist es nicht ärmer geworden
Es will an seinem schwachen Ort
das Unversöhnliche versöhnen
in seiner Hingabe
ist es ganz in die Durchsichtigkeit
des Firmaments eingegangen

Dein Gutes dem unser Freund
der frivole Mönch zujubelt
es ist dem Bösen abgedungen
das dich vergebens zu vernichten sucht
solange fünf Bachkiesel dir beistehen
Ein gehend Kommender
dem ein Meteor von Einfällen nachzieht
die ihm antworten
ehe er sie ruft

Der verzauberte Leib des Helden
an einer Stelle verwundbar
zwischen den beiden Schulterblättern
an der Ferse oder am Haupthaar
Die Glücklichen die nur
einen Fehler mitbekamen
Nacht um Nacht
korrigierst du die Kladde deiner Biographie
fehlerlos ist das Gebet in der Frühe

Schönes Licht
deine Gastfreundschaft ist größer für uns
als dein Besitz
unser Trinkspruch ist ‹Zum Leben›!
Mach deinen Weg gut
geh ihn als gingest du auf einem Seil
dann wird dir Musik gegeben

Cyrus Atabay, geboren 1929 in Teheran, Schulzeit 1937–45 in Berlin, später in Zürich. Studium der Literaturwissenschaft in München. Lebte abwechselnd in Europa und im Iran. Seit der iranischen Revolution 1978 lebte er zunächst in London, seit 1983 in München. Atabay schreibt ausschließlich in deutscher Sprache und hat seit 1956 zehn Gedichtbände sowie kleine Prosa veröffentlicht; ferner Übersetzungen von Hafis, Omar Chajjam, u. a. Cyrus Atabay ist Mitglied der Bayerischen Akademie der Schönen Künste.

Veröffentlichungen im Verlag der Eremiten-Presse: *Die Leidenschaft der Neugierde*, Gedichte, 1981; *Stadtplan von Samarkand*, Porträts, Skizzen, Gedichte. Mit Original-Graphiken von Winfred Gaul, 1983; *Salut den Tieren*, ein Bestiarium. Mit Original-Graphiken von Bernhard Jäger, 1983; *Prosperos Tagebuch*, Gedichte. Mit Original-Graphiken von Winfred Gaul, 1985.

Übersetzungen (Eremiten-Presse): *Wie Wasser strömen wir*, die Rubaijat des Omar Chajjam. Mit Graphiken von Josua Reichert, 1984; *Mäuse gegen Katzen*, persische Fabel und Anekdoten von Obeyd-e-Zakani. Mit Original-Holzschnitten von Wolfgang Simon, 1986.

WINFRED GAUL, geboren 1928 in Düsseldorf, lebt in Düsseldorf und San Andrea di Rovereto. Studium der Kunstgeschichte und Germanistik an der Universität Köln, Studium an der Kunstakademie Stuttgart bei Baumeister und Henninger. 1964 Villa Romana Preis, Florenz. Gastdozent an der Staatlichen Kunstschule Bremen, an der Bath Academy, Bath, und am College of Arts, Kingston upon Hull. 1984 Ernennung zum Professor durch den Minister für Wissenschaft des Landes Nordrhein-Westfalen.

Zahlreiche Einzelausstellungen in renommierten Galerien und Museen des In- und Auslands (u. a. Berlin, Brüssel, Düsseldorf, Hamburg, Köln, New York, Rom, Venedig, Wien); 1973/74 große Retrospektive in Münster, Ludwigshafen, Bielefeld und Ulm. Teilnahme an vielen wichtigen Gruppenausstellungen u. a. Documenta 2 (1959) und Documenta 6 (1977) in Kassel. Arbeiten befinden sich in privaten und öffentlichen Sammlungen, z. B. Stedelijk Museum, Amsterdam; Sammlung Ludwig; Sammlung Sprengel; Museum of Modern Art, New York; Kunstmuseum Düsseldorf; Library of Congress, Washington D.C.

Die ersten Exemplare dieser Ausgabe sind numeriert und signiert. Es erscheinen hundert Exemplare arabisch numeriert von 1 bis 100, von Cyrus Atabay und Winfred Gaul handschriftlich signiert; ferner hundert Exemplare römisch numeriert von I bis C, von den Autoren signiert, zusätzlich lose beigelegt ein signiertes und numeriertes Original-Offsetlitho von Winfred Gaul. Die für den Druck der Offsetlithographien erforderlichen Filme und Farbauszüge wurden vom Künstler 1:1 von Hand gezeichnet. Gesetzt aus der Garamond-Antiqua von ConComposition, Berlin. Typographie und Gestaltung: Eremiten-Presse, Düsseldorf. Druck: Rolf Dettling, Pforzheim. Bindearbeiten: Emil Weiland, Karlsruhe.

ISBN 3-87365-225-0
© by Verlag Eremiten-Presse
Fortunastraße 11
D-4000 Düsseldorf 1
Erstausgabe
1986